AF563442

1 Décembre 82.

V

Vente du Vendredi 1er Décembre 1882,

HOTEL DROUOT, SALLE No 4.

OBJETS DE LA PERSE

DAMAS — CUIVRES — COFFRETS

FAIENCES

TAPIS ET ÉTOFFES

OBJETS DIVERS

EXPOSITION PUBLIQUE

LE JEUDI 30 NOVEMBRE 1882

De une heure à cinq heures.

COMMISSAIRE-PRISEUR

Me PAUL CHEVALLIER, Succr de Me CH. PILLET

10, rue de la Grange-Batelière

M. CH. MANNHEIM, Expert, 7, rue St-Georges.

IMPRIMERIE PILLET ET DUMOULIN
Rue des Grands-Augustins, 5, à Paris.

Vente du Vendredi 1er Décembre 1882,

HOTEL DROUOT, SALLE No 4.

OBJETS DE LA PERSE

DAMAS — CUIVRES — COFFRETS

FAIENCES

TAPIS ET ÉTOFFES

OBJETS DIVERS

EXPOSITION PUBLIQUE

LE JEUDI 30 NOVEMBRE 1882

De une heure à cinq heures.

COMMISSAIRE-PRISEUR

Me PAUL CHEVALLIER, Succr de Me CH. PILLET

10, rue de la Grange-Batelière

M. CH. MANNHEIM, Expert, 7, rue St-Georges.

CONDITIONS DE LA VENTE

Elle sera faite au comptant.

Les adjudicataires payeront *cinq pour cent* en sus des enchères.

L'exposition mettant le public à même de se rendre compte de l'état des objets, il ne sera admis aucune réclamation une fois l'adjudication prononcée.

Paris. — Typ. Pillet et Dumoulin, 5, rue des Grands-Augustins.

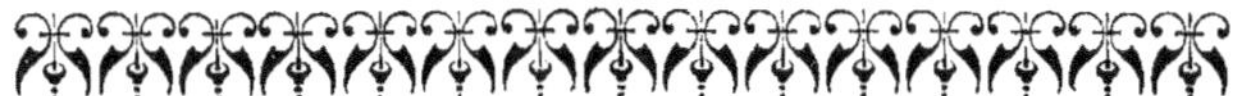

DÉSIGNATION DES OBJETS

OBJETS EN DAMAS

1 — Deux brûle-parfums formés chacun d'un coq en fer damasquiné d'or et d'argent sur socles carrés à ornements et inscriptions.

2 — Deux autres brûle-parfums formés chacun d'un canard, de même travail que ceux qui précédent.

3 — Un âne en damas incrusté d'argent.

3 *bis.* — Un âne en damas incrusté d'or et d'argent et formant coupe à couvercle.

4 — Une coupe à couvercle à large bord plat en damas gravé à médaillons d'arabesques et incrusté d'or; le couvercle est découpé à jour.

5 — Deux grands flacons à piédouche en damas gravé à arabesques avec réserves à fond uni encadrées d'or.

6 — Une buire de forme élégante en damas à fond uni avec médaillons d'arabesques gravés et encadrés d'or.

7 — Joli coffret rectangulaire en damas gravé à arabesques et encadrements d'or.

8 — Coffret analogue au précédent et de même travail.

9 — Plateau rectangulaire en damas gravé à figures et animaux avec parties unies réservées et rehaussées d'or.

10 — Une chemise en mailles.

11 — Un couteau oriental en damas incrusté d'or, manche en morse.

12 — Un lot de couteaux à lames de damas.

CUIVRES

13 — Deux coqs en cuivre repercé à jour et gravé à ornements; sur socles ronds à base octogone de même travail.

14 — Buire ou cafetière en cuivre entièrement gravée à palmettes et médaillons d'arabesques, de

figures et d'animaux ; l'anse est terminée par une tête d'animal.

15 — Buire ou cafetière en cuivre gravé à semis de fleurettes.

16 — Deux coupes rondes à couvercle, en cuivre gravé à médaillons de figures.

17 — Une coupe de même travail, mais plus petite.

18 — Deux buires forme balustre en cuivre gravé à personnages et arabesques.

19 — Une autre de forme analogue aux précédentes, en cuivre gravé, anse contournée.

20 — Deux plateaux ronds en cuivre gravé à plusieurs bandeaux de figures d'oiseaux et d'ornements.

21 — Six petits plateaux ronds en cuivre gravé de même travail que les précédents.

22 — Deux bassins ou braseros en cuivre gravé et repercé à jour, à figures de cavaliers.

23 — Six petites coupes rondes en cuivre gravé à figures et ornements divers rehaussés d'argent.

24 — Un vase brûle-parfum, à couvercle, de forme

surbaissée en cuivre gravé et repercé à jour, et un flacon de Kalian en bronze gravé.

25 — Plateaux rond en cuivre gravé à bandeaux de sujets à personnages.

26 — Quatre plateaux moins grands de même travail, gravés à décors variés.

27 — Un bassin en cuivre gravé au pourtour.

28 — Curieux cadran astronomique en cuivre gravé avec parties découpées et rapportées. Il est entièrement recouvert d'inscriptions en caractères persans et l'attache est formée d'un motif d'arabesques gravées.

29 — Une sphère terrestre sur son support à balustres, le tout en cuivre gravé.

30 — Deux plateaux ronds cuivre gravé et un lot de fragments de kalians et de vases.

FAIENCES ET TERRES ÉMAILLÉES

31 à 42 — Douze plats en ancienne faïence de Rhodes à décors émaillés à fleurs et ornements variés. Ils seront vendus séparément.

43 — Deux fonds de plats de même qualité.

44 — Curieux vase à double fond en terre incrustée d'ornements en argent.

45 — Un lot de fragments de plaques de revêtement en terre émaillée de la Perse.

46 — Une chimère et un poussah en terre émaillée de Chine.

47 — Grand plat rond en terre émaillée vert d'eau et un petit compotier gros bleu de Chine.

48 — Deux petits vases balustres avec leurs plateaux et un sucrier en porcelaine de l'Inde.

OBJETS VARIÉS

49 — Trois flacons persans en verre incolore à goulot droit à côtes en spirale.

50 — Deux flacons à goulot droit en verre gravé, l'un bleu, l'autre vert.

51 — Petit coffret rectangulaire, en argent repoussé et gravé à fleurs arabesques et incrusté de turquoises.

52 — Quatre coffrets oblongs à couvercle appliqués d'un revêtement en argent gravé et repercé à jour.

53 — Petit coffret en filigrane d'argent orné de turquoises.

54 — Quatre plaques pour buvards et quatre autres plus petites pour miroirs, en vernis persan, décorées de fleurs, d'oiseaux et de personnages.

55 — Plaque rectangulaire en cristal de roche, taillé à larges feuilles en relief.

56 — Un petit support en agate, une très petite coupe en cristal de roche gravé, et deux manches en agate.

57 — Douze aumônières de derviche à large manche, plat en losange, en bois finement découpé.

58 — Un porte-huilier argenté.

MEUBLES ET COFFRETS

59 — Cabinet en bois incrusté sur toutes ses faces de fleurs et de bandes en ivoire gravé ; il renferme neuf tiroirs, travail ancien.

60 — Autre cabinet en bois incrusté de fleurs et d'oiseaux en ivoire.

61 — Cabinet en mosaïque persane, il renferme six tiroirs à l'intérieur et le couvercle recouvre un casier.

62 — Cabinet de même forme et de même travail que celui qui précède.

63 — Écritoire à couvercle, du même travail.

64 — Table basse ou grand plateau rectangulaire, de même travail.

65 — Petit cabinet en bois, entièrement recouvert d'ivoire gravé à fleurs arabesques.

66 — Petit coffret à couvercle en incrustation d'ivoire, travail de Bombay.

67 — Un petit coffret à couvercle et une écritoire persane en bois gravé.

AQUARELLES PERSANES

68 — Environ trente aquarelles en miniature persanes, représentant divers types et des scènes familières de la Perse.

TAPIS ET ÉTOFFES

81 — Petit tapis persan, velouté, à arabesques sur fond noir, avec fine bordure.

82 — Tapis persan, en velours vert, brodé d'or et d'argent, à rosace, fleurs et oiseaux.

83 — Tapis de Recht en drap rouge, à figures de cavaliers et bordure d'ornements.

84 — Autre tapis de Recht à fond blanc.

85 — Autre tapis de Recht entièrement couvert d'arabesques.

86 — Un autre à fond rouge et bordure sur fond blanc.

87 — Un autre à fond bleu et bordure rouge.

88 — Beau tapis persan en velours rouge, richement brodé d'or et d'argent, à arabesques et oiseaux.

89 — Petit tapis en soie rayée vert et rouge, brodé à fleurs en or et en argent.

90 — Deux châles en crêpe blanc, brodés à fleurs, en soie de couleurs.

91 — Deux bandes de toile pouvant former lambrequin, brodées en soie verte et ponceau à palmes et ornements.

92 — Petit carré en soie lamée d'or à bandes de fleurs.

93 — Grande écharpe persane en tissu de soie et or.

94 — Tapis carré en soie rouge brodée de palmettes en or.

95 — Tapis de table en soie bleue brodée de soie et d'or à fleurettes et palmettes.

96 à 110 — Un lot de morceaux carrés en broderie de soie persane.

110 à 120 — Un lot de morceaux d'étoffes diverses brodées de soie d'or et d'argent de travail persan.

121 — Deux boîtes rectangulaires recouvertes de broderie persane à bandes de fleurs.

122 — Un lot de galons en broderie persane.

123 — Une paire de mules orientalesen velours brodé d'argent et de soie.

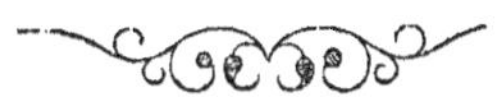

www.ingramcontent.com/pod-product-compliance
Lightning Source LLC
LaVergne TN
LVHW010341230826
846091LV00009B/3971
* 9 7 8 2 3 2 9 5 5 1 6 5 4 *